**Género** Ficción realista

I0794920

**Pregunta esencial**
**¿Cómo afectan tus acciones a los demás?**

# Dónde está el balón

Ángela María Pérez Beltrán
ilustrado por Carlos Aón

## Capítulo 1

# Denise y sus amigos

En la ciudad de Nueva York, en el *Lower East Side*, conocido también como *Loisaida*, viven muchas familias de origen puertorriqueño. Mantienen las costumbres y tradiciones de su lugar de origen. Por ejemplo, el 24 de junio de cada año, celebran la noche de San Juan. Ese día encienden hogueras y le dan la bienvenida al verano.

Una de esas familias es la de Denise Rivas, una niña de 10 años cuyos abuelos salieron de Puerto Rico en la década de 1950 para establecerse en *Loisaida*. Ahora, sus tíos, primos y algunos amigos viven en el mismo vecindario de la ciudad de Nueva York.

Hace unos meses, Denise reunió a unos compañeros de escuela y les propuso formar un equipo de baloncesto.

Los miembros del equipo eran Denise, Liz, Joel, Brian, Carlos, Julián y Roberto: cinco titulares y dos suplentes. Tenían un horario establecido para sus prácticas. Dos noches a la semana, iban al centro deportivo cercano a la casa de Denise y los fines de semana jugaban en una cancha cerca de la casa de Roberto.

A todos les encantaba jugar baloncesto. Denise y Liz eran muy buenas jugadoras. Eran muy veloces cuando corrían, hacían pases inesperados y tenían mucha fuerza al lanzar el balón. Además, encestaban con mucha facilidad. En general, eran quienes anotaban más puntos en los partidos.

El equipo se inscribió en un campeonato de baloncesto y se preparaba para ganarlo. Los muchachos querían ganar las zapatillas deportivas que daría uno de los patrocinadores del campeonato. Y todos querían recibir la copa dorada, la más codiciada del certamen.

# Capítulo 2

# Primer balón

El equipo inició las prácticas en la cancha cubierta. Escogieron ese lugar porque tendrían la oportunidad de recibir los consejos de diferentes entrenadores. El primer entrenador empezó las prácticas con ejercicios de calentamiento.

—¡Aflojen el cuello! ¡Aflojen los hombros! ¡Aflojen la cabeza! —les indicó el entrenador.

Joel y Brian empezaron a murmurar entre ellos.

—Con tanto afloje vamos a quedar vueltos gelatina —dijo Joel.

Ante sus palabras, Brian empezó a reír a carcajadas. Los imaginaba a todos como gelatina.

—¡Jóvenes, silencio, por favor! Ahora estiren el brazo derecho hacia arriba, luego dóblenlo hacia la espalda. ¡Muy bien! Ahora, estiren el brazo izquierdo hacia abajo, luego dóblenlo hacia la espalda. ¡Muy bien! Ahora, toquen los dedos de la mano izquierda con los de la derecha —indicó el entrenador.

De nuevo, Joel y Brian hicieron comentarios. En esta ocasión, Brian dijo:

—Ahora, estiren la pierna derecha hacia el frente y la pierna izquierda hacia atrás. Tranquilos, si pierden el equilibrio y se caen, doblen las piernas hacia el lado contrario.

Dio la casualidad que, en ese momento, Joel se cayó al piso. Ante las risas de sus compañeros, Carlos y Julián los reprendieron por no prestar atención a la práctica.

El entrenamiento siguió su curso. Las prácticas de jugadas en parejas y en tríos resultaron muy coordinadas. Cuando terminó el entrenamiento, todos se despidieron dándole las gracias al entrenador. De regreso a sus casas, se divirtieron con la imagen mental de la gelatina y con la caída de Joel al piso.

El sábado siguiente, la práctica era en una cancha cerca de la casa de Roberto. Esa cancha le gustaba mucho al equipo, porque tenía escalinatas para hacer ejercicio. También podían sentarse cuando querían descansar. Hacia el norte y hacia el sur, había una verja alta para que los balones no salieran por allí. A los costados, la verja era muy baja y, con frecuencia, los balones salían por ahí.

La cancha estaba ubicada cerca de una calle poco transitada. En ella, generalmente, había charcos y latas de gaseosas aplastadas por los automóviles y motocicletas que transitaban. A veces, este lugar parecía un basurero. A pesar de esto, la cancha le gustaba al equipo y prefería hacer sus prácticas allí.

El sábado llegaron puntuales, a las nueve de la mañana. Solamente faltaba Roberto. Lo esperaron unos minutos. Luego decidieron que era tiempo de empezar el calentamiento. A los veinte minutos, iniciaron los lanzamientos, buscaban lograr tiros de un punto.

Luego practicaron tiros de dos y tres puntos. Estos últimos exigían más fuerza y precisión.

Cuando llegó el turno de Denise, ella tomó impulso y lanzó con todas sus fuerzas. El balón se estrelló con el tablero. Luego golpeó contra la cesta y salió volando por encima de la verja. Como todos estaban pendientes del estilo de Denise, no se percataron de la dirección que tomó el balón. Empezaron a buscar por un lado y por otro, pero no encontraron rastro de este.

—Creo que el balón sufrió una abducción. Seguramente un extraterrestre quería jugar baloncesto y... decidió llevárselo en su nave —dijo Denise.

Los amigos se rieron con la ocurrencia de Denise. Enseguida, decidieron buscar fuera de la cancha y encontraron el balón junto a un charco. El balón estaba medio aplastado en una de las banquetas. Julián lo recogió y lo llevó a la cancha.

—Tal vez, el balón tenía vida propia y saltó y saltó y... cuando se sintió perdido decidió desinflarse. Así no se iría muy lejos de nosotros —apuntó Julián.

Una vez más, los amigos se divirtieron, era mejor tomarse con buen humor el contratiempo del balón.

**Detective del lenguaje**

**La palabra subrayada es un nombre propio. Busca otros nombres propios en esta página.**

## Capítulo 3

# Siguiente práctica

La práctica siguiente fue, de nuevo, en la cancha cubierta, donde los estaba esperando otro entrenador. Los jóvenes llegaron animados, querían ensayar las jugadas. En esta ocasión el nuevo entrenador los saludó con un tono militar.

—¡Buenos días, jóvenes! ¡Soy su capitán! Hagan una fila por orden alfabético y digan su nombre con claridad —dijo el entrenador—. Los chicos exclamaron uno a uno:

—¡Soy Brian!

—¡Soy Carlos!

—¡Soy Denise!

—¡Soy Joel!

—¡Soy Julián!

—¡Soy Liz!

De repente, entró Roberto corriendo, fatigado, acalorado y pidiendo disculpas. El entrenador envió a Roberto a formar y a presentarse como era debido:

—¡Soy Roberto!

El entrenador les empezó a dar instrucciones, y como Roberto llevaba unos días sin practicar baloncesto, su rendimiento no era óptimo. El entrenador empezó a exigirle mucho más que a los demás. Roberto no sabía que se había metido en una camisa de once varas.

—Roberto, haga el calentamiento como es debido. Dele cinco vueltas a la cancha. Después, haga estos lanzamientos que tengo diseñados.

Sus compañeros se quedaron mirando lo que pasaba. Entonces, el entrenador puso en orden a todo el mundo.

Entrenaron sin parar hasta los últimos minutos, cuando se dedicaron a los lanzamientos de mitad de cancha.

Se despidieron del entrenador, quien ya se estaba preparando para el nuevo grupo. Mientras descansaban en las gradas, le preguntaron a Roberto por qué había llegado tarde y por qué había faltado a la práctica anterior.

—Discúlpenme por no haberles avisado que no podía asistir a las prácticas —se excusó Roberto—. He estado ocupado en la panadería de mi papá, pues le he pedido que me enseñe las recetas de sus panes y postres. La panadería lleva mi nombre y el de mi papá, y, como él, deseo ser un excelente panadero. Mi hermano mayor, Miguel, aprendió a preparar las mezclas y a hornear cuando tenía mi edad. Es una tradición familiar.

—Como Miguel se encarga de llevar los pedidos de un lado a otro de la ciudad —continuó Roberto—, yo me he convertido en la mano derecha de mi papá. Me ha dicho que aprendo muy rápido. Incluso he creado una receta para hacer unas deliciosas galletas de nuez.

Los chicos se despidieron y quedaron en verse el sábado en la cancha. Por la fatiga del entrenamiento, parecía que caminaban en cámara lenta en dirección a sus casas. Todos llegaron a descansar: unos en el sofá de la sala, otros, en su cama.

El sábado, a las nueve de la mañana, Liz fue la primera en llegar. Estaba practicando lanzamientos, cuando a los pocos minutos, llegó el resto del equipo. Esta vez, Roberto tampoco apareció.

—Proponemos hacer algunos de los ejercicios que hicimos en el primer entrenamiento —dijeron Joel y Brian simulando ser una gelatina temblorosa.

—Proponemos hacer algunos de los ejercicios que hicimos en el segundo entrenamiento —dijeron Carlos y Julián, uno, con postura militar y el otro, con actitud de jugador de baloncesto profesional.

Ambas propuestas generaron carcajadas en el grupo. Sonrientes, Denise y Liz dijeron al mismo tiempo que lo mejor sería combinar los dos entrenamientos. Al final, se concentrarían en los tiros a media distancia.

Hicieron el calentamiento debido. Luego practicaron jugadas y carreras.

—Pasemos a los tiros de media distancia. Yo voy a decir quién tiene el turno, mientras, los demás esperan. Luego podemos hacer sugerencias para que cada uno haga las correcciones necesarias a su estilo de juego —anotó Denise.

Por turnos, pasaron uno a uno. Cuando le correspondió a Liz encestó perfectamente y todos aplaudieron. Liz estaba confiada, tenía buena autoestima. Todos volvieron a hacer el ejercicio. Cuando de nuevo fue el turno de Liz, ella lanzó el balón con tanta fuerza que chocó con la cesta, se elevó unos metros, rebotó en la cancha y salió disparado a la calle. Ante la fuerza del lanzamiento de Liz, ningún miembro del equipo escuchó algo más aparte del fuerte golpe del balón en el tablero.

Liz se sintió mal, pues no quería que el equipo perdiera otro balón. Denise le animó diciéndole que no se preocupara. Mientras tanto, Carlos salió a buscar el balón y llamó al resto del equipo. Los demás se asomaron a la banqueta y vieron que Carlos traía el balón embarrado, goteando agua y, de nuevo, aplastado. Era extraño lo que estaba sucediendo, por eso era urgente buscar una solución.

## Capítulo 4

# El plan

Los amigos empezaron a hilar cabos. Al igual que en la ocasión anterior, esta vez encontraron el balón medio aplastado cuando salió volando a la calle de los charcos.

—¡Miren! Acá hay unas huellas, parecen de motocicleta —observó Julián—. Ahora recuerdo, la vez pasada también había huellas cuando recogí el balón.

—Hagamos un plan para descubrir qué pasa. Los hechos han sucedido un sábado, a la misma hora, en el mismo lugar y con un balón. Así que preparémonos para el próximo sábado. Mientras unos hacen los lanzamientos, otros se pueden ubicar en la calle para ver qué ocurre —propuso Denise.

<u>Liz y Denise harían los lanzamientos desde la cancha</u>. Mientras, Joel y Brian estarían atentos a la trayectoria del balón. En tanto, Julián y Carlos se ubicarían a cada lado de la calle. Cuando tuvieron claro el plan, decidieron ir a la panadería del papá de Roberto. Don Roberto los recibió con gusto. Se sentaron cerca de la vitrina de los panes, dulces y postres. Les preguntó qué querían y todos respondieron:

—¡Su delicioso pudín!

| **Detective del lenguaje** | **En la oración subrayada, ¿cuál es el sujeto? ¿Cuál es el predicado?** |
|---|---|

Los chicos conversaron con don Roberto sobre las prácticas de baloncesto y él se excusó por las ausencias de su hijo a los entrenamientos. En esos días había estado ayudándole en la panadería.

El sábado siguiente, los miembros del equipo se encontraron en la cancha. Las chicas hicieron estiramientos y unos pases. Los primeros tiros al tablero fueron suaves y luego más potentes. Denise le murmuró algo a Liz, entonces ella lanzó el balón fuertísimo y este salió como un cohete a la calle.

Justo en ese momento, se aproximaba una moto. El motociclista tocó el balón con una llanta y luego aplastó unas latas que estaban en su camino.

Joel y Brian se fijaron en la trayectoria del balón. En la calle, Julián y Carlos observaron al motociclista y reconocieron a Miguel, el hermano mayor de Roberto. Llevaba puesta su chamarra con un dibujo de un águila con las alas extendidas en su espalda.

Luego, el equipo se dirigió a la *Panadería de Roberto*, allí vieron la motocicleta. Adentro estaban conversando Roberto, su papá y Miguel. Denise y sus amigos entraron a la panadería con las caras largas. Roberto les preguntó qué les pasaba.

—En dos ocasiones nuestros balones salieron volando de la cancha y cayeron en la calle de los charcos, y los hallamos medio aplastados —le dijo Denise.

—Descubrimos unas huellas de llantas de motocicleta justo en ese lugar y hoy vimos que tu hermano era el motociclista —le dijo Joel.

Roberto se llevó las manos a la cabeza y miró a Miguel. Ambos palidecieron y sus caras se tornaron apenadas. Miguel, con rubor en sus mejillas, dijo:

—Disculpen, por favor, fui yo, pero no sabía lo que había pasado exactamente. En las tres ocasiones no me detuve porque pensé que la llanta había dado con un hoyo o tropezado con una de las tantas latas que se encuentran en esa calle.

—Debes solucionar la situación —exclamó enérgicamente Denise, poniéndole los puntos sobre las íes a Miguel.

Ante la sorpresa de lo sucedido y por ser su hermano el responsable de lo ocurrido, Roberto concluyó:

—Primero, les vamos a reponer los balones. Segundo, Miguel va a tomar otra ruta para llevar los pedidos en su motocicleta. Tercero, podemos solicitar a la oficina de parques que nos ayuden a subir las verjas de la cancha.

La idea fue aceptada por todos y don Roberto les dio una generosa porción de su delicioso y afamado pudín.

# Respuesta a la lectura

## Resumir

Usa detalles importantes de *Dónde está el balón* para resumir el cuento. Usa el organizador gráfico como ayuda.

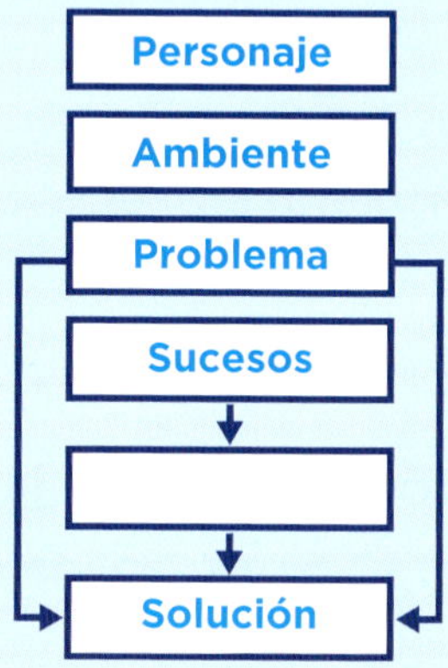


## Evidencia en el texto

1. ¿Cómo sabes que *Dónde está el balón* es ficción realista? Identifica tres características que te permitan determinarlo. **GÉNERO**

2. Vuelve a leer la página 7. ¿Cuál es el problema al que se enfrenta el equipo en la cancha de baloncesto? **PROBLEMA Y SOLUCIÓN**

3. En la página 15, ¿qué quiere decir la expresión *poner los puntos sobre las íes*? **MODISMOS**

4. Vuelve a leer la página 12. Escribe cómo Denise y sus amigos trabajan en equipo para resolver el enigma de los balones aplastados. **ESCRIBIR SOBRE LA LECTURA**

**Género** Texto expositivo

## Compara los textos

Lee acerca del efecto que tienen los hábitats de los patios de recreo en las comunidades.

# Hábitats para aves en el patio

En Estados Unidos, algunas aves vuelan hacia el sur en el invierno y hacia el norte en el verano. Estas aves migratorias recorren miles de millas enfrentándose a muchos peligros durante su vuelo. Deben luchar contra el cansancio y las tormentas, y superar obstáculos como faros y molinos de viento.

Las ciudades son otro reto para las aves migratorias. Las autopistas y los rascacielos han reemplazado áreas naturales donde las aves paraban usualmente para descansar y alimentarse. Nosotros podemos ayudar a estas aves si creamos hábitats en nuestros patios.

Estas aves migratorias están descansando en unos cables.

Los hábitats en el patio proporcionan a las aves un medioambiente seguro donde pueden descansar, alimentarse e hidratarse. Podemos trabajar con otras personas de nuestra comunidad y crear espacios para las aves en los parques.

Algunas escuelas también ayudan a los pájaros y a las mariposas al establecer hábitats en el patio de recreo. Estos hábitats dan a los estudiantes la oportunidad de estudiar al aire libre. Allí pueden observar y aprender sobre los pájaros y las mariposas en su entorno natural.

Tú puedes crear un hábitat para pájaros o mariposas en tu patio.

# ¿Cómo construir un hábitat para pájaros?

Estas son algunas cosas que necesitarás para construir un hábitat para pájaros:

1. Un área donde no haya gatos.
2. Diferentes tipos de comederos para pájaros ubicados a diferente altura. Unos, para las aves a las que les gusta comer en el suelo. Otros, para las que prefieren comer en lo alto.
3. Plantas nativas que suministren refugio y alimento, y que atraigan insectos, la comida preferida por los pájaros.
4. Bebederos para pájaros donde puedan tomar agua fresca y bañarse.

¡Es muy divertido ver cómo llegan bandadas de pájaros a tus comederos después de un arduo trabajo!

## Haz conexiones

¿De qué manera los hábitats en el patio ayudan a las aves?
**PREGUNTA ESENCIAL**

¿Cuál es el mensaje sobre el trabajo en equipo en *Dónde está el balón* y *Hábitats para aves en el patio*?
**EL TEXTO Y OTROS TEXTOS**

## Enfoque:

# Elementos literarios

**Modismos** Los modismos son palabras o frases que tienen un significado diferente al significado literal de las palabras. Por ejemplo, el modismo *nadar entre dos aguas* significa que no puedes decidirte por algo. *Estar en la luna* significa no estar atento o no poner atención a lo que pasa a tu alrededor.

**Lee y descubre** En la página 8 de *Dónde está el balón,* Roberto no sabía que se *había metido en una camisa de once varas.* Esto significa que no sabía cuán grande era el trabajo que tenía que hacer.

### Tu turno

Trabaja con un compañero o una compañera para elaborar un diccionario de modismos. Mediante una lluvia de ideas, haz una lista de cinco modismos. Luego escribe una definición corta para cada uno.